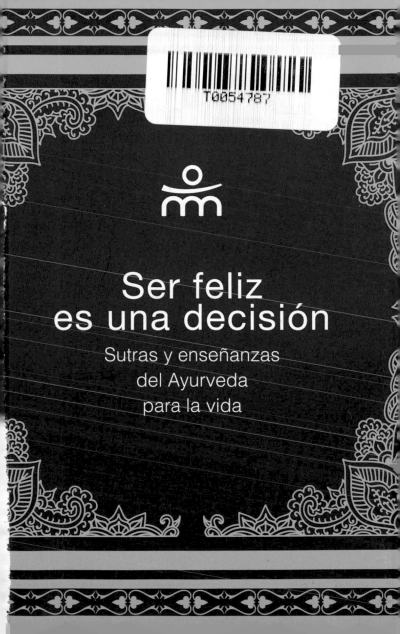

T0054787

Ser feliz es una decisión

Sutras y enseñanzas
del Ayurveda
para la vida

Ser feliz es una decisión
es editado por
EDICIONES LEA S.A.
Av. Dorrego 330 C1414CJQ
Ciudad de Buenos Aires, Argentina.
E-mail: info@edicioneslea.com
Web: www.edicioneslea.com

ISBN 978-987-718-597-3

Queda hecho el depósito que establece la Ley 11.723.
Prohibida su reproducción total o parcial, así como su
almacenamiento electrónico o mecánico.
Todos los derechos reservados.
© 2013 Ediciones Lea S.A.

Impreso en Argentina. Primera edición.
Diciembre de 2018. Pausa Impresores.

Ciarlotti, Fabián
    Ser feliz es una decisión / Fabián Ciarlotti. - 3a ed . - Ciudad
Autónoma de Buenos Aires : Ediciones Lea, 2018.
    160 p. ; 17 x 11 cm. - (Alternativas)

    ISBN 978-987-718-597-3

    1. Ayurveda. 2. Autoayuda. 3. Autoaprendizaje. I. Título.
    CDD 158.1

Fabián J. Ciarlotti

Ser feliz
es una decisión

Sutras y enseñanzas
del Ayurveda
para la vida

Lea

introducción

Ser feliz es una decisión es, tan solo, un pensamiento corto, un aforismo, una máxima… un sutra.

Los sutras son frases, por lo general cortas, que representan esclarecimientos, verdades, máximas; también son llamados sentencias, proverbios, adagios, refranes, dichos, axiomas, apotegmas y, actualmente, *insight*… El término proviene del sánscrito *sūtra*, que significa "cuerda" o "hilo".

Este libro se basa en ellos, en los sutras y en su posible impacto mental.

Mientras algunos autores sostienen que el nombre en plural sería los *sutras*, y que cada uno de los sutra o hilos se unen para formar un tapiz completo, otros dicen que se debería utilizar la palabra en forma singular, los *sutra*,

pues en realidad es uno solo enhebrado, un hilo constante que los une. Me pareció más fácil para los lectores de habla hispana, los sutras, así que me decidí por este vocablo más allá de la disputa etimológica.

Si un sutra es poderoso, se habla largo tiempo de él.

Por supuesto, lo que para una persona es conmovedor, para otra puede ser una frase más.

Para leer un sutra hay que hacerlo lentamente. Creo que ayuda a la lectura que haya unos pocos por página, aunque agregué una introducción en cada capítulo.

Los sutras aparecen como grandes verdades que nos hacen caer "fichas" y a veces hasta llegamos a pensar y exclamar: "¡claro, cierto!", "¡es verdad!", "¡impresionante!", etc., realmente algunos nos "cierran" perfectamente.

Los sutras resuenan con nosotros y hacia otros a través nuestro; por eso a veces sentimos que un sutra "encaja" perfecto para uno mismo y otro "encaja" o "cierra" con o para algún conocido, familiar o lo que fuera.

De los que van a leer, muchos están influenciados o motivados por el Ayurveda (autores como Charaka, Frawley) algunos por el budismo, otros inclusive por nuestro querido José Narosky, el cual leía desde chico y tal vez me haya quedado una semilla sutra en mi cerebro, o vinieron desde vos o de él... y qué importa, en definitiva si son buenos pasan a ser de dominio popular, anónimos e impersonales, ya que trascienden a la persona que los escribió (¿quién dijo por primera vez "al que madruga Dios lo ayuda" , "no hay mal que por bien no venga", "uno es dueño de lo que calla y esclavo de lo que dice"?).

En mi último viaje a India compré un cuaderno hecho a mano por un hindú y en él volqué más de 200 sutras, que fueron apareciendo durante toda mi estadía; de hecho este libro está compuesto en su gran mayoría por ellos.

Elegí *(elegir es renunciar)* escribir 9 capítulos con 9 sutras cada uno, para completar un total de 81 sutras, así suma 9.

El número 1 abre la serie de los dígitos simples, el 9 la cierra, siendo extremos opuestos y, a la vez, aledaños. El 1 representa individualidad y el 9 la universalidad, cerrando el ciclo iniciado en el 1. Todo vuelve.

Como dije antes, hay pocos sutras por página, no solo para darle la importancia que amerita, sino también para bajar la velocidad de lectura e invitarte a reflexionar sobre ellos y, por qué no, tener un espacio allí mismo para que escribas algo, otro sutra, algún comentario, cita, o lo que te apetezca en ese momento, ya sea un dibujo, una mancha, arrancarlo, arrugarlo… o no hacer nada.

No hay que seguir paso o técnica alguna para escribir un sutra (a diferencia de, por ejemplo, la poesía tradicional japonesa Haiku, que consiste en un poema breve de tres versos de cinco, siete y cinco sílabas respectivamente). En el idioma sánscrito original los sutras poseen unas rimas llamadas *shloka*.

Pienso que los sutras irrumpen en nosotros a cada instante, y si estamos atentos, lo notamos (y después o anotamos). Es que son eternos,

sirven y despiertan algo siempre; son atemporales y vigentes en cada época y lugar, como lo es también la maravillosa medicina Ayurveda.

Los sutras nos piensan.

Vamos a ver, entonces, qué nos piensan estos nueve capítulos de sutras...

1
la muerte

La muerte, inexorablemente, está ligada a la vida y al tiempo.

La mente son los pensamientos, y cada vez que pensamos agregamos tiempo, por lo tanto, la muerte.

Si no pienso, ¿dónde está la muerte?

El tiempo no es lineal sino circular, como las cuatro estaciones que se repiten en círculo. El tiempo, el espacio y el universo, son circulares.

El tiempo lineal es el del reloj, en un plano (horizontal), como lo que entiende de tiempo la mente: empieza acá y termina acá.

El tiempo circular es el de las estaciones, en dos planos (horizontal y antero posterior). Ambos ocupan el mismo plano del espacio.

El tiempo en espiral es el de la conciencia, la vida y la naturaleza en sí, en los tres planos del

espacio y en cuatro dimensiones (arriba-abajo, derecha-izquierda, atrás-adelante y espacio-tiempo), donde no hay muerte, tan sólo un cambio de cuerpo, ya que esa espiral se cierra finalmente en su inicio.

Todo vuelve.

A la muerte, los hindúes (y muchas otras filosofías orientales) la llaman "cambiar de cuerpo", y lo festejan. Por eso postulan que no hay que tomar nada muy en serio, todo es transitorio.

La mente es la única que entiende al ser humano en el tiempo lineal, como dije antes, empieza acá, cuando nace, y termina acá, cuando muere, mientras que en realidad, en nuestro profundo ser, uno sabe de la muerte pues murió muchas veces.

Cuando desaparece la mente, desaparece el tiempo y su hermana la muerte. Cuando dejamos de pensar, ¿qué tiempo o muerte estamos hablando?

La mente siempre está en el pasado o en el futuro, pero es imposible que esté presente,

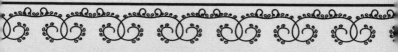

¿cómo se puede pensar pensando en el presente? Ya es pasado.

El presente se siente, se está, es eterno y no muere jamás.

Entendemos como eternidad un tiempo muy largo, años que se extienden hasta el infinito, pero es un error, lo eterno no es un tiempo perpetuo, sino un sin tiempo, no sabe de pasado ni futuro ni vida ni muerte, es el momento presente, donde no hay comienzo ni fin, es eterno, ¿cuándo empezó?, ¿no flota acaso este momento por encima del tiempo? Cito a Wittgenstein: "la vida eterna pertenece a aquellos que viven el presente".

Vimos que la mente y la muerte son las dos caras de una misma moneda. La mente es memoria (pasado) e imaginación (futuro), en cambio la conciencia es el presente. No juzga, no imagina, no ilusiona, no agrega su ego, sus condiciones, sus pensamientos. Sólo observa.

Como el tiempo es la muerte, el que vive impuntual está matando el tiempo de los demás, la mente de los demás.

Cuando recuerdo el pasado es, en sí mismo, una experiencia presente, es "pasado" sólo en el presente y como parte de él. Sólo son recuerdos en una experiencia presente. Asimismo, el futuro o la anticipación es un hecho presente.

La totalidad del tiempo es aquí y ahora.

El ahora no forma parte del tiempo, está más allá de él, es eterno. Este momento no muere nunca. Este instante, en el que estás leyendo esto, no forma parte del tiempo.

Ahora sí, ¡si lo estás pensando!

Se vive a reloj (recordemos: tiempo=muerte), que ha pasado a ser nuestro dueño. Hasta nos dice cuándo debemos comer, dormir o divertirnos, Nunca cuando realmente lo sentimos.

Cuando no hay mente no hay tiempo, ergo, no hay final.

Si dejo de pensar, dejo de morir y quien tiene miedo de morir, tiene miedo de vivir, son conceptos inseparables. En este momento, ¿dónde están el pasado y el futuro?, en ninguna parte, sólo existe el momento presente, lo otro es una mera proyección mental.

La mente siempre intenta alterar el pasado y determinar el futuro, cuando la cualidad básica de éste es la incertidumbre.

"La muerte es un cambio como otros, que pertenece al cuerpo y a la mente pero no al espíritu. La persona sabia no es víctima de la ilusión de que ella es cuerpo, Arjuna. "Esta es sólo una ilusión del ego", dice Krishna a Arjuna en la *Bhagavad Gita.*

En cambio, la humanidad occidental está hipnotizada por la idea de la muerte.

El vulgar empleo de esta palabra habla de una persona que acaba de marcharse de este mundo, como si diesen a entender que ha dejado de existir y que ya no es nada.

Eso es identificarse con el cuerpo y con la mente.

En el mundo occidental predominan estas pesimistas y escépticas ideas, a pesar de que la religión cristiana, por ejemplo, describe las delicias del cielo en tan vigorosos y atractivos términos que todos sus fieles deberían desear el tránsito a tan feliz y dichosa vida.

El cielo paradisíaco o el infierno son meros estados mentales.

Lo que llamamos muerte o destrucción, aun del ser más insignificante, no es más que

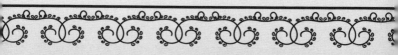

un cambio de forma
o de condición de su energía y
actividades.

Estrictamente hablando, desde el
punto de vista de los Vedas no existe
la muerte.

Ni siquiera el cuerpo muere en el exacto
sentido de la palabra. El cuerpo no es una
entidad sino un agregado de células que sirven
de vehículo a ciertas modalidades de energía que
las vitalizan.

Cuando el alma deja el cuerpo, las células se
disgregan en vez de agregarse como antes. La
unificante fuerza que las mantenía agregadas
(*prana*) retiró su poder y se manifiesta la
actividad inversa.

Iván Ilich, el personaje de Tolstoi, espera su
muerte contemplando un pasado completamente
dominado por los demás, una vida en la que

había desistido de ser dueño de sí mismo a fin de "encajar" en el sistema. Es cuando dice: "¿Y si toda mi vida ha sido una equivocación, qué (…) Lo que antes le había parecido completamente imposible, especialmente el hecho de que no había vivido como debería haberlo hecho podría, después de todo, ser verdad. Se le ocurrió que sus impulsos vitales, reprimidos brutalmente por sí mismo apenas los había experimentado, podrían haber sido lo único verdadero y real de su vida, todo lo demás, falso. Y sintió que sus obligaciones profesionales y toda la organización de su vida y de su familia, todos sus intereses sociales y oficiales, todo eso podría haber sido falso. Trató de defenderse y justificarse ante sí mismo y de pronto sintió cuán débil era lo que estaba defendiendo y justificando. No había nada que defender…".

Dicen que el estrés en que vivimos lleva a la muerte, pero estrés no es de afuera, sino que es el rollo de la película que yo me hago de lo que pasa (y la película sigue igual mientras yo desarrollo tumores).

Cuando la muerte se convierte en una realidad, la vida se vuelve intensa. Cuando la muerte anda cerca la vida se vuelve profunda y se está centrado en cada momento.

La muerte, conjuntamente con el orgasmo (acabar, morir) son las experiencias de duración más breve y que más han provocado comentarios. Distintas filosofías y la psicología se encargan de ese momento, de las experiencias cercanas a la muerte o ECM, (en inglés, *NDS: Near Death*

Studies). Actualmente existe una asociación internacional de *NDS*.

Claro que ver morir a alguien no es ver la muerte, es sólo ver nuestros pensamientos sobre ello.

Se envejece cuando
se deja de crecer.

Dejar ir lo que se va,
aceptar lo que viene.

A la vida hay que hacerle
el amor. A la muerte también.

Muchos mueren sin haber vivido.

Lo único absoluto
es que todo es relativo.

Los muertos mueren de a poco
otra vez dentro nuestro.

Cuando algo termina, termina. Y en cualquier momento que termine es el momento correcto.

Después de la muerte, el orden.

Acabamos; acá vamos.

2

El cuerpo

Nuestro cuerpo físico es la estructura física del ser humano, su verdadera naturaleza. La palabra física significa precisamente el estudio o tratado de la naturaleza, viene del griego *physis:* naturaleza e *ica:* estudio (así matemática, viene de *mathem:* conocimiento, y es el estudio del conocimiento; química, viene de *keme,* tierra, materia, el estudio de la materia).

El cuerpo físico podría llamarse también cuerpo químico, por las reacciones que en él habitan y lo determinan. Antes del cuerpo químico está el cuerpo energético que lo moldea y dentro de lo químico está lo atómico, y un poco más adentro aún, el cuerpo metafísico y cuántico.

Los quarks son, junto con los leptones, los constituyentes fundamentales de la materia.

Varias especies de quarks se combinan de manera específica para formar partículas tales como protones, electrones y neutrones, constituyentes a la vez del átomo.

En términos cuánticos, y más precisamente en *quarks*, la distinción entre sólido y vacío es insignificante, es donde la materia y la energía son intercambiables.

El cuanto de mi piel es igual al del aire o el de mi ropa. Es en esa red invisible, ese magma interlazado e inteligentísimo que no se puede ver bajo microscopio alguno (principio de Heisenberg o incertidumbre), donde la fisiología que conocemos actúa.

Lo que uno toca, entonces, cuando uno toca un cuerpo físico, no es meramente la piel sino una red continua e interconectada por todo el cuerpo e, inclusive, de éste con el universo.

El cuerpo físico puede ser visto como un cuerpo bioplasmático, como el cuarto estado de la materia luego de los sólidos, líquidos y gaseosos. La física del plasma estudia las sustancias altamente ionizadas que forman el llamado plasma.

La mayor parte del universo está formado por él.

Las elevadas temperaturas originan plasmas y el cuerpo humano podría corresponderse, también, como un plasma sólido ya que el tejido viviente es un complejo sistema bioeléctrico de semiconductores, característico del plasma sólido.

Sangre, linfa y, en definitiva, el agua, tienen características de semiconductores protónicos. Dado que el agua constituye el 75% de nuestro cuerpo y también del planeta, es posible concebir una comunicación y fusión con el todo.

El bioplasma constituye un organismo unificado en sí mismo y, a la vez, es una matriz energética viviente interlazada con todo.

El bioplasma, el ser conductor, es susceptible y muy sensible a las variaciones electromagnéticas, por ello todo influye en el cuerpo: el ultrasonido, la magnetoterapia, la acupuntura y, en definitiva, todo, ya que todo es vibración (hasta las condiciones climáticas influyen notablemente en el complejo cuerpo-mente).

El cuerpo es la base, el suelo, los cimientos, y es mucho más antiguo que la mente, es la verdad básica; no habría que oponerse o fustigar al cuerpo, ni acordarse de él cuando empieza a fallar.

El cuerpo físico es solo una residencia (*ayatanam,* según los Vedas). En donde está tu cuerpo, está la vida. En ningún otro lugar. El cuerpo físico es uno de los lugares donde se manifiesta la desarmonía energética.

El cuerpo físico es puro; pasa que nuestro pobre cuerpo sigue a la mente…

Hay desequilibrio mental y aparecen en él las úlceras, la hipertensión arterial, la obesidad, el colesterol, los infartos, los tumores, etc., etc.

Nuestro cuerpo es, principalmente, una colección de procesos involuntarios ya que, por ejemplo, mientras uno lee esta página circula la sangre, crece el pelo, el hígado trabaja y hace la digestión al mismo tiempo, se elaboran insulina y miles de otras hormonas y enzimas, neurotransmisores, señales, alertas, cambios, control del ADN y ARN… todos trabajan sin siquiera reparar nosotros en ello: riñón, corazón, bazo, páncreas, sistema nervioso, barba, etc.

¡Y siguen trabajando aun mientras nosotros dormimos!

Una vez que pasó el alimento por mi garganta, ya no se más nada de él hasta que sale en forma de materia fecal. Podemos pensar que el estreñimiento o la constipación son elecciones a favor de "agarrar" y en contra de "soltar". Casi todo ser civilizado está estreñido; parecería que se puede medir la civilización por el grado de estreñimiento. ¿Para qué "soltar"? Seguir tomando, acaparando…, al final todo avaro es un constipado (mas no todo constipado es un avaro). Para el Ayurveda la constipación es um síntoma muy influyente en muchísimos desequilibrios como ser el insomnio, el dolor en las articulaciones, el reuma, las contracturas musculares, la mala digestión, la irritabilidad, las ciatalgias, las lumbalgias, y hasta la epilepsia, el Parkinson, la neurosis, el Alzheimer, etc.

La medicina occidental ve las causas de la enfermedad, habla de bacterias o alteraciones fisiológicas. El Ayurveda además habla de competencia, celos, avaricia, deseos…; es la única medicina que realmente cumple el sutra de Pasteur que dice *el germen no es nada, el huésped es todo.*

El bacilo de la tuberculosis, el virus de la gripe, muchos tumores esperan con infinita paciencia a que el que lo hospede se descuide.

Volviendo a la vida del cuerpo, vemos que cada una de sus partes coincide con la respiración y la circulación. La coordinación ocurre en trillones de puntos y cada proceso tiene una consecuencia con el todo.

Cada célula se conecta con la vecina y a distancia por medio de tonofilamentos, hemidesmosomas ("desmo", además de ligamento, también quiere decir puente, atadura), integrins o integrinas, filamentos de anclaje, conexinas, etc.

Todas estas conexiones a su vez son factibles de modificaciones y se las puede describir como un sistema de tensegridad (integridad tensional). Así, para cada movimiento hay un patrón de tensiones y compresiones que es económico, eficiente y grácil (como las cadenas musculares), pero en la vida cotidiana es difícil ver el movimiento perfecto ya que estamos sujetos a muchas variables e interferencias (estrés, dolores, etc).

Cualquier estado emocional trae cambios corporales y en el todo, por esta red de tensegridad. Todo trauma en el cuerpo altera la relación con la gravedad y los patrones de movimiento que, en definitiva, conducen a cambios en la estructura corporal. Al hablar de trauma corporal, también hablo de trauma emocional o psicológico crónico.

Cada parte mental tiene su componente corporal, así el enojo, la ira y la alegría tienen patrones corporales y gestos comunes (lenguaje corporal). El cuerpo es la parte visible de la mente y del alma, y éstos son la parte invisible del cuerpo.

Se dice que la postura es el reflejo somático del temperamento; yo agrego: con sus influencias filogénicas, ontogénicas y "ahoragénicas".

Hasta la respiración revela los estados emocionales y mentales, de ahí la importancia de que sea correcta, ya que influye notablemente en los pensamientos.

Es que lo aparente no es real y lo real nunca aparece. No somos la mente ni el cuerpo, somos mucho más que eso. No estamos en nuestro cuerpo, sino que nuestro cuerpo está prestado en nosotros.

Es cada día mayor el número de los que confían más en los métodos de la medicina naturista, ayurvédica u homeopática, que en la archi científica medicina académica. No faltan los motivos de crítica –efectos secundarios, mutación de los síntomas, falta de humanidad, costos exorbitantes, acostumbramientos, para todos es igual, no tratan la verdadera causa–.

Ya para nadie es un secreto que la medicina académica ha perdido de vista al ser humano. La súper especialización y el análisis son los conceptos fundamentales en los que se basa la investigación, pero estos métodos, al tiempo que proporcionan un conocimiento del detalle más minucioso y preciso, hacen que el todo se diluya.

El cuerpo sigue a la mente pero la mente también sigue al cuerpo y es por eso que existe un gran grupo de técnicas terapéuticas que buscan el equilibrio psicosomático a través de métodos físicos. Sumados al popular Yoga (Reiki, Tai Chi y demás disciplinas orientales), tenemos los actuales trabajos corporales de Rolfing, Feldenkrais, Eutonía, etc. Todo puede ser usado como medicina.

Somos lo que hemos hecho antes y seremos lo que hagamos ahora; en vez de tomar adelgazantes y antilipídicos, podríamos empezar por disminuir los alimentos industriales, la carne, las grasas saturadas, lo procesado, lo recalentado, el microondas, etc.

Antes de empezar con los sutras en cada capítulo recordemos que deberíamos bajar considerablemente la velocidad de lectura. Un

sutra es para saborearlo, dejarlo fluir, tomarlo, pensarlo, soltarlo, compartirlo, desplegar pensamientos, inventar otro sobre ese mismo o escribir lo que quiera.

Vamos por ellos.

El cuerpo siempre
está en el presente,
la mente nunca.

Educar en vez de medicar.

La medicina sin el
correcto alimento
es inútil. La medicina
con el correcto alimento
es innecesaria.

Lo feo puede llegar
a ser hermoso, lo lindo jamás.

Nuestros cuerpos
reflejan nuestras experiencias.

No hay enfermedades incurables
sino personas incurables.

No hay peor enemigo para nuestro cuerpo que nuestro propio ego.

No hay frío, sólo mala ropa.

No hay que cambiar de médico sino cambiar uno.

3
la mente

El ser humano es ser humano porque tiene su particular complejo mental.

Sentir, aprender, disfrutar, pensar, razonar, discernir, ser libre, hace de él un ser humano, un animal que tal vez podríamos llamar "superior".

Pero la mente puede también hacer del ser humano un animal inferior; la mente puede hacer del ser humano un infierno.

No me refiero a la inteligencia ni a la conciencia –que en definitiva también pertenecen al complejo mental–, sino a esa mente repetitiva, la mente cotidiana que mezclada con nuestro ego nos enferma con sus deseos, emociones, pensamientos, comparaciones, remordimientos, anhelos, temores y reacciones.

La mente de, prácticamente, todos los días de nuestra vida.

Esa mente que automatiza absolutamente todo: comer, caminar, trabajar... y ya lo hacemos tan eficientemente que es algo mecánico, automático y no sentimos la gran mayoría de las acciones que hace nuestro cuerpo. Esa mente ciega que no acepta lo que es y siempre argumenta con sus falsos pensamientos.

Ahora bien, si me doy cuenta que pienso significa que no soy mis pensamientos, entonces, ¿quién es el que piensa?, ¿quién o qué hay detrás de los pensamientos? (Estas dos preguntas también podrían ser sutras).

El autoconocimiento de lo que uno realmente es, comienza con una duda.

Todos nuestros pensamientos se hacen cuerpo, ya que son sustancias químicas llamadas neurotransmisores liberados a la sangre. Todo es psicosomático o, mejor dicho, directamente no existe lo psicosomático, ya que *somos* psicosomáticos, una unidad cuerpo-mente y, por supuesto, espíritu.

Con el ser humano (y en realidad mucho antes que él) conviven los animales, las

plantas, los insectos; ellos son casi autómatas, hacen lo que tienen que hacer gobernados por un espíritu superior o espíritu de grupo. Un tigre nace y no tiene que hacer nada para ser tigre. Las plantas, los microorganismos y los animales, no se apartan jamás de su principio de vida y armonía (salvo cuando se inmiscuye el hombre, creador de los zoológicos para su divertimento y así los enloquece o los deprime).

La mente es el pensamiento y uno se identifica con los pensamientos, uno cree que *es* los pensamientos cuando en definitiva pensar no es más que agregar tiempo y ego.

Pensamos todo el día en cosas que pasaron o que van a suceder y eso significa agregar tiempo.

La mente es la otra cara del tiempo. La mente pone el presente al servicio del pasado o del futuro.

Nunca vivimos el momento; si se vive en el momento no se piensa, pues al pensarlo ya el momento pasó.

Memoria e imaginación, pasado y futuro. Todas construcciones mentales, ilusiones, engaños.

Si querés hacer reír a Dios contale tus planes, nos dice un sutra.

Lo que sucede es lo único que podía haber sucedido, no podía ser de otra forma, solo que nuestra mente se encarga de distorsionarlo todo.

Nuestra mente divide todo en períodos exactos: años, meses, horas y segundos, trabajar, jugar,

reír y comer cuando el tiempo lo
dice, amar con un tiempo y orden
establecidos, adorar a los dioses según
lo que nos impusieron e, incluso,
rezarles a cierta hora que, obviamente,
variará donde yo esté (algunas religiones lo
hacen como norma varias veces al día). De nada
sirve meditar, hacer yoga, rezar o ir al templo, si
después sigo haciendo lo mismo. Por ejemplo, el
hecho de hacer la señal de la cruz cuando se pasa
frente a una iglesia,... ¿de qué sirve?, ¿no es acaso
un condicionamiento auto impuesto?

En definitiva, condicionamiento y corrupción
mental son sinónimos.

Y no estoy cuestionando creer o no en Dios,
sino en todas las cosas que el ser humano
inventó *en nombre de* (incluyendo las guerras).

Es que se puede ser honesto, simpático y servicial, sin tener por qué besar estatuas, colgar símbolos, ir a templos o cualquier otra cosa hecha por el hombre.

La verdadera sabiduría consiste en poder ser felices en el mundo tal como es, sin pretender acomodarlo como a nosotros nos gustaría que fuera.

Cuando juzgamos como buena o mala una situación confundimos la realidad con nuestra interpretación de ella. Si el diagnóstico está mal (ya sea de una enfermedad o de una situación de la vida cotidiana), pues todo lo que sigue estará mal.

Algunos pensamientos y actitudes los repetimos tanto que los sabios hindúes ayurvédicos dicen que terminan trazando una huella en la mente, en la cual uno cae inevitablemente (prejuicios, ira, adicciones; ellos lo llaman *samskara*) para darse cuenta recién al salir del surco y prometer no caer nunca más… y obviamente volver a caer.

Los sentimientos no son simples emociones que suceden sino reacciones que uno elige tener. No se puede tener un sentimiento o emoción

sin antes haber experimentado
un pensamiento, aunque sea
velocísimo, pero pensamiento al fin.

Cito a Osho: "La mente tiene
que amar y odiar, y la mente tiene
que luchar continuamente entre estas
dos cosas. Si no amas ni odias, vas más allá
de la mente. ¿Dónde está la mente entonces?
Dentro de ti, cuando la elección desaparece
la mente desaparece. Vive sin opiniones. Vive
desnudo, sin ropa alguna, sin opiniones acerca
de la verdad, porque la verdad detesta todas
las opiniones. ¡Abandona todas tus filosofías,
teorías, doctrinas, escrituras! ¡Abandona toda
esa basura! Vive en silencio, sin elegir, con los
ojos simplemente dispuestos a ver lo que hay,
de ninguna manera esperando ver tus deseos
realizados. No cargues con deseos. Se dice que

el camino del infierno está completamente lleno de deseos, de buena voluntad, de esperanzas, de sueños, de arco iris, de ideales. El camino del cielo está absolutamente vacío. ¡Despréndete de todas las cargas! Cuanto más alto quieras llegar, más ligero tendrás que ir. Si quieres saber la verdad no seas ni creyente ni ateo. No digas: `Dios existe´, ni: `Dios no existe´, porque lo que sea que digas se convertirá en un deseo profundo. Y proyectarás todo lo que haya oculto tras el deseo".

Para la mente todo está torcido; no porque realmente lo esté, sino porque esa es la manera de ver de nuestra condicionada mente: cualquier cosa que pasa a través de ella, se tuerce (el sufrimiento es siempre el efecto de los pensamientos equivocados en alguna dirección).

El cerebro es una glándula que segrega pensamientos, y el secreto es ser libre, precisamente, de esos pensamientos que se apoderan de nosotros.

Todo lo que vemos no es otra cosa que nuestros pensamientos.

El Ayurveda dice que el enojo, las quejas y los celos no son más que fallas en nuestro intelecto.

Toda emoción es un pensamiento rápido y toda memoria es un apego al pasado. Volvemos a lo mismo, si no pienso no hay tiempo.

Los apegos frenan la evolución de la conciencia.

Todos opinamos distinto sobre lo mismo, ergo, nadie tiene razón, en definitiva cuando no hablo digo la verdad. Si decimos *sí*, es porque existe un *no*. Al decir "soy honesto", ya estoy hablando de lo deshonesto.

El silencio permite ver y el fuego del intelecto es un fuego que puede enfriar, pues permite ver y discernir que es la verdad de una tradición medieval.

Nuestra mente es muy volátil y así es el viento, que es su elemento; la mente no está en movimiento, *es* movimiento y si no hay movimiento, no hay mente ni pensamiento.

Vamos lentamente a los sutras.

Estamos perdidos en la mente.

La inteligencia no es un
depósito de información.

Somos lo que creemos
que somos, y no lo que
realmente somos.

No falla la realidad sino
nuestros pensamientos,
que pretenden ser la realidad.

Las creencias son pensamientos.

Tenemos problemas pues
pensamos continuamente en ellos.

La mente está llena de mentiras que se vienen repitiendo desde hace siglos.

Pensamos una cosa, pero decimos otra, y hacemos otra.

Eso es lo que hay que hacer, no importa el resultado de la acción.

4

El espíritu

Cuando un cuerpo inerte recibe el aliento del espíritu, se inicia la vida.

La palabra "espíritu" viene del latín *spiritus,* que significa inspiración, aliento; y aliento (aire, prana) es sinónimo de vida.

La inspiración es lo primero que hacemos al nacer, entra a nuestro cuerpo físico oxígeno y, a la vez, prana o energía. La inspiración, entonces, es la vida, por eso uno dice que *está inspirado,* o que una persona *me inspira* confianza.

La espiración es lo último que hacemos, es en el segundo antes de morir o de cambiar de cuerpo, como dicen en Oriente (hasta en algunos lugares se festeja).

El término espíritu puede referirse a un ser espiritual, o a la parte racional del alma de una persona; espíritu también es utilizado,

63

ocasionalmente, como sinónimo de personalidad o carácter, como principio impulsor del ánimo o esencia inspiradora, que permite obrar en armonía: espíritu de una orden, espíritu de un consejo, espíritu relajado, espíritu de un libro, espíritu de un vino. Es también el vigor natural o fortaleza que alienta a obrar: ánimo, valor, aliento, entusiasmo, atención, intención, esfuerzo, vivacidad, ingenio, garra.

Por su lado el alma (el término griego para denominarla es *pneuma*) es el aliento de vida dado por el espíritu.

El espíritu es el mar, el alma es la ola, con vida y carácter propio y que al finalizar su vida vuelve al mar.

No debemos confundir alma con aura, que es la energía o campo energético de radiación luminosa multicolor que rodea a las personas y a los objetos.

Una nueva alma viviente entonces es creada cuando el aliento de vida del espíritu entra en el cuerpo. La unión de cuerpo y espíritu la constituyen.

Cuando el cuerpo inerte recibe este espíritu, nace el alma y comienza la vida; por el contrario, al momento de la muerte, el alma abandona el cuerpo y regresa al espíritu.

Así, el espíritu es la fuente de vida y energía de todo. El espíritu, es decir, el aliento o prana, es lo que da vida a todas las criaturas y a las cosas. Procede de la misma fuente tanto para los hombres como para los animales y los objetos, pero con diferentes grados de conciencia y vibración.

Podemos comparar al espíritu con una usina cuya corriente eléctrica distribuye energía a todo.

El alma no es una entidad separada del cuerpo, es el ser viviente en sí mismo. Por eso muchas

veces la palabra "alma" se utiliza para describir a un ser viviente ("no hay un alma"). Cuando el alma viviente pierde el espíritu o aliento de vida, queda solamente el cuerpo que, privado de él, vuelve al polvo.

La ciencia es despiadadamente objetiva: pruebas concretas, percibidas directa o indirectamente; es medible, razonable. En cambio la espiritualidad es subjetiva, no mensurable, *es la ciencia de la conciencia.*

Nadie niega la ciencia, pero sin conciencia crea armas nucleares, desechos tóxicos, es responsable del calentamiento global, de los medicamentos que intoxican.

Por otro lado, la religión sin ciencia se transforma en tradiciones tontas, supersticiones, creencias y actos ilógicos.

La palabra dios no es Dios, no se puede hablar acerca de Dios.

Cito a Einstein: "la ciencia de la conciencia comienza cuando termina la ciencia material".

Hoy la ciencia es ciega y sin control, y fue Laplace el primero en separar religión y ciencia. A partir de allí la ciencia descartó la religión y la religión la ciencia. La espiritualidad quedó encapsulada en supersticiones e ilógicas tradiciones. Hasta el siglo XIX en India se quemaba vivas a las mujeres una vez que morían sus maridos y aún en la actualidad se siguen haciendo sacrificios de animales.

Quien espere pesar, medir y calcular las cosas espirituales con métrica material, fracasará sin remedio, pues nunca obtendrá la deseada prueba.

Los aparatos físicos sólo sirven para objetos físicos, y el mundo espiritual no tiene peculiares aparatos con que registrar sus fenómenos.

Cito la Bhagavad Gita: "Nunca nació el espíritu ni nunca dejará de ser.

La muerte no lo toca, aunque parezca muerta la casa en que mora.

Nunca hubo tiempo en que no fuera, más allá del principio y del fin.

Sin nacimientos, muertes ni mudanzas, permanece el espíritu por siempre."

Cuando duermo profundamente, sin sueños o imágenes oníricas, el tiempo no existe pues no tengo noción de mente ni cuerpo y, sin embargo, existo.

Pues *eso eres tú* como reza el sutra védico conocido en sánscrito como *tat tvam asi*, sin mente ni

cuerpo, mi verdadero Ser; alma, espíritu, eso es lo que soy. Y si nos reconocemos como seres espirituales que somos, entonces entenderemos que la salud está relacionada con la espiritualidad. Un cuerpo físico sin espíritu (o mejor dicho con espíritu apagado) es desganado, sin gracia ni brillo, con movimientos mecánicos. En cambio, cuando el espíritu mueve al cuerpo, éste lo hará en calma pero con entusiasmo, brillante, alerta y suave a la vez.

El cuerpo físico sin espíritu, por ejemplo, lo vemos en el zoológico (nunca me gustaron), la terrible cárcel de los animales para la diversión del ser humano. Allí las bestias pierden absolutamente toda energía y estímulo de vida. El cautiverio de cualquier animal quebranta el espíritu y termina enloqueciéndolo, dejándole

sin brillo los ojos, totalmente apagados. El animal vaga loco de aquí para allá, apenas en unos metros de vida.

El pensamiento oriental ve la espiritualidad como un fenómeno principalmente corporal, en cambio los occidentales lo vemos como un fenómeno con preminencia mental.

Acaso el espíritu humano en esta nueva era esté pugnando por salir, tal vez quiere recobrar su gracia habitual, librarse del yo y fundirse con la corriente universal.

Amén *(que así sea)*.

A propósito de este sutra-semilla "amén", vemos que tiene su origen en el hebreo, pero algunos autores sostienen que tiene raíz en el sánscrito *aum* (léase om), de donde procede la palabra *aumen*, que significa "Dios, el padre y la madre, está con la humanidad".

Disfrutemos ahora espiritualmente los sutras; recordemos… bajamos la velocidad de lectura…

Ayúdame cuando menos me lo merezca… porque será cuando más lo necesite.

El verdadero servicio es silencioso.

Mantener al intelecto encerrado en el corazón.

No soy más argentino,
ni católico, ni casado,
ni médico; ahora soy libre.

Servir y sonreír.

En nombre de Dios
se ha matado muchísima más gente
de la que se ha salvado.

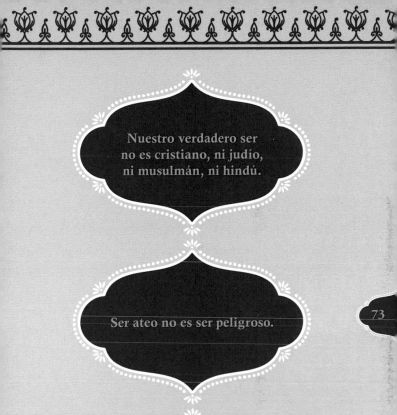

Nuestro verdadero ser
no es cristiano, ni judío,
ni musulmán, ni hindú.

Ser ateo no es ser peligroso.

Todo es sagrado excepto la mente.

5
El amor
ॐ

El amor actual en las parejas parece ser solo posesión, sexo, mentiras y condiciones. Pocas parejas se ven que trascienden el ego de la posesión; todo es eso: poder, sexo, condiciones.

Venimos de una cultura medieval donde la mujer no tuvo oportunidad siquiera de elegir sus parejas. Aún hoy, en muchos lugares, la mujer sabe a los 13 años con quién se va a casar y ni siquiera ha conocido a su futuro marido. Otras deben taparse la cara de por vida… ¿qué es esto?

El hombre ha sometido durante años a la mujer; ésta no podía o, mejor dicho, no debía tener sexo con nadie más que su marido. Pero sí los hombres podían acostarse con otras esposas o con prostitutas. Así fuimos criados, el hombre iba a ser más hombre cuantas más mujeres tuviera y para la mujer era al revés, sino era una prostituta.

Y así también nos casamos… ¿dónde estaba el amor al menos ahí?

Muchas de las parejas que uno ve, se viven pasando facturas delante de terceros. Todas aprovechan un tercer interlocutor para recriminarse. Luego de la pasión inicial y de la luna de miel, el matrimonio ya se terminó; y comienzan a aburrirse, así dice el maestro Osho.

¿Se puede prometer estar al lado de alguien toda la vida? ¡Es imposible!

Cito al poeta musulmán Yalal ad-Din Muhammad Rumi: "Mucho más allá de las ideas de lo que está mal y de lo que está bien, hay un lugar. Te conoceré allí. Cierra tus labios y podrás oír del que posee el aliento, todo lo que no cabe ni en palabras ni en definiciones. Cierra tus labios y podrás oír del Sol lo que no viene ni en libros ni en discursos. Cierra tus labios y hablará el Espíritu por ti. ¿Es posible amar sin el ego?, ¿amar agarrando con las manos abiertas, sin apretar en lo más mínimo?, sin demandar nada, sin esperar nada".

No hay que hacer nada por nadie sino lo que corresponde. Si hago algo por alguien eso genera karma, es una acción por algo.

Le doy plata a un mendigo y no espero que me dé las gracias, mi acción era lo que correspondía.

Otro error muy común en las parejas es no separarse por los hijos… eso es lo peor, eso genera karma y los hijos y, por ende, los padres, sufrirán mucho más…

Karma es esa acción que genera reacción; esa acción que por buscar algo y no hacer lo que quería, nos vuelve en contra.

Karma es, en realidad, reacción.

Generalmente el karma se interpreta como una "ley" cósmica de retribución, compensación o de causa y efecto, pero es en realidad una ley natural universal, no moral.

Todos somos capaces de controlar la acción, pero no tenemos posibilidad, en absoluto, de controlar el resultado de esa acción. De hecho, el resultado final está sujeto a las leyes kármicas, tanto de quien lo emite como de quien lo recibe.

Debemos repensar lo que es el verdadero amor. Cambiar la noción de fidelidad, familia, posesión y otras rígidas tradiciones. La mente es la que se casa siguiendo una tradición que, es obvio, ya no cabe más.

El intelecto lo piensa mejor, sabe que no puede casarse para toda la vida y prefiere juntarse sin otra presión.

La conciencia ni lo piensa, solo lo vive. Ama sin pedir, sin demandar, sin esperar absolutamente nada. Sabe diferenciar el sexo del amor, no tiene posesión ni celos.

Por supuesto que son lindas las parejas que, a pesar de estar casadas, se llevan bien y son felices. Pero son una minoría.

El alimento y el sexo son los dos grandes deseos del hombre, y son

impulsados por el instinto de
supervivencia y el de conservación
de la especie.

La idea no es estar en contra de los
deseos, ya que cuando el deseo está en
armonía con la acción correcta, es un don para
disfrutar la vida.

El desapasionarse y desapegarse es la
ausencia del deseo de gozar de los resultados
de nuestras acciones, ya que –como dije–, uno
hace la acción correcta sin esperar algo de esa
acción (*dharma* es la acción correcta, la acción
que no genera karma).

Todos los trabajos son para servir al otro.
No importa de qué ocupación hablemos, ¡todos
servimos al otro en algo!; la única forma de
hacerlo bien es con amor, porque aunque me

equivoque, si lo hago con amor, está bien. No genera karma ni reacción adversa.

Por otro lado, cada vez que nos equivocamos por no haber hecho las cosas con amor (que son muchas más de las que creemos), en vez de pedir perdón, surge nuestro ego a justificarse con miles de estupideces.

El agua es el elemento del amor, sus características son flexibilidad, adaptabilidad, paciencia, tolerancia, suavidad, lubricación… pero siempre que esté fluyendo, si no corre es apego, codicia, avaricia y putrefacción.

Cito a Krishnamurti: "el poder no radica en la firmeza y en la fuerza, sino en la flexibilidad. El árbol flexible aguanta el ventarrón. Adquiera el poder de una mente rápida".

La vida es extraña, tantas cosas ocurren inesperadamente; la mera resistencia no resolverá ningún problema. Se necesita tener infinita flexibilidad y un corazón sencillo.

Pero, ¿qué es el amor?

Esta palabra es como la palabra "Dios", tan usada, manipulada, tergiversada y viciada...

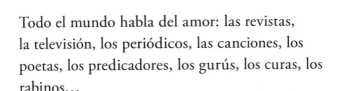

Todo el mundo habla del amor: las revistas, la televisión, los periódicos, las canciones, los poetas, los predicadores, los gurús, los curas, los rabinos…

"Amo a mi país, amo a mi perro, amo el queso".
"Amo la lluvia, amo el placer, amo Pink Floyd".
"Amo a mi esposa, amo a Dios".
"Te amo mucho".
"Te re amo".

Adorar a alguien, acostarse con alguien, el intercambio emocional, el compañerismo, esa vibración que no necesita palabras... ¿es eso también amor?

¿Acaso en el amor humano sólo existe placer, competitividad, celos, deseos de poseer, de retener, de controlar y de interferir en el modo de pensar del otro?

En todo el mundo, los hombres santos han sostenido que mirar a una mujer es absolutamente malo; dicen que uno no puede acercarse a Dios si se recrea en el sexo; por esta razón lo dejan de lado, aun cuando el sexo los devora u obsesiona.

Pero al negar la sexualidad niegan toda la belleza de la tierra; han desterrado la belleza, porque la belleza está asociada con la mujer.

La belleza y la gracia son netamente femeninas, el hombre parece tosco y torpe ante la presencia corporal femenina.

¿Puede el amor dividirse en sagrado y profano, humano y divino, o existe sólo el amor? ¿Es el amor de uno solo o no de muchos? Si digo: "te amo", ¿excluye esto el amor hacia otros? ¿Es el amor personal o impersonal? ¿Moral o inmoral? ¿Familiar o no familiar? ¿Si uno ama a lo particular, puede amar igual a la humanidad? ¿Es el amor un sentimiento? ¿Es una emoción? ¿Es el amor placer y deseo? Creemos que sufrimos por amor, pero no es por amor sino por un enamoramiento, que es una

variedad muy sutil del apego. Es una muleta para apoyarse, en vez de llevar a alguien en mi corazón para liberarlo y liberarme. El verdadero amor tiene una esencia fundamental que es la libertad, y siempre conduce hacia ella.

Los celos son del ego que quiere, y cuando el ego quiere, quiere poseer.

Es tan intenso ese sentimiento posesivo que, ante la obligación de "compartir" a la persona amada, prefiere renunciar al amor.

Hasta llega a creer que cela porque ama (es *mi* mujer, es *mi* marido).

El verdadero amor permite y da libertad para que el amado se desarrolle en la plenitud de su forma.

La mente es la que habla del amor y, en definitiva, el amor se hace, ni se habla, ni se escribe.

Si uno no se quiere, no va a encontrar a nadie que lo pueda querer. Para acceder al amor o al corazón, no hay que abrir ningún camino ni agregar nada, sino eliminar lo que fue agregado.

El amor produce amor, si uno se ama va a encontrar el amor, no hace falta buscarlo. La clave entonces es amarse a sí mismo…. y al prójimo como a sí mismo, como predicaba Jesús.

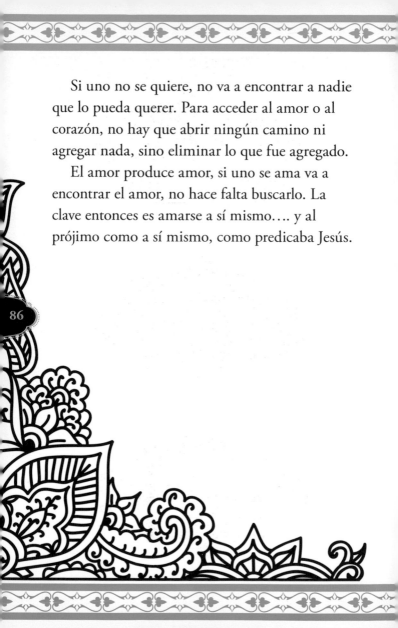

Sólo cuando disfruto mi soledad
puedo disfrutar de una relación.

Amar es ponerse a la par
de la vida y no en su camino.

Sólo podrás amar cuando
no tengas que manipular ni
manejar lo que decís.

La seguridad es un peso
que impide caminar.

El amor no está en la palabra.

¿Por qué tener un ideal
si se tiene la realidad
al alcance de la mano?

La memoria mata al amor.

Amar es a la vida
y no a una persona.

No te necesito para ser feliz.

6
EL SEXO

El sexo puede ser solo eso, vibración y sincronía entre los intervinientes, o puede sumar al amor lo que lo hace más sublime.

En el sexo, entonces, los objetivos son el placer, o la procreación; luego aparece una tercera opción, que es el dinero.

El sexo es disfrutar o concebir, mientras que el sexo tántrico o Maithuna es trascender, liberar.

Muchos creen que la espiritualidad está disociada de la sexualidad o que son diametralmente opuestas, cuando en realidad la espiritualidad sin sexualidad es una abstracción, y la sexualidad sin espiritualidad es tan solo un ejercicio físico

En Maithuna el sexo es sagrado y se utiliza como una herramienta más para transformar y

trascender, para abrir la conciencia, abandonar el ego, los condicionamientos, los celos, el sentido de posesión. El componente material sexual adquiere mucha creatividad combatiendo la mecanicidad del sexo habitual, ya que el entendimiento del Tantra de la pareja permite vibrar en una frecuencia mucho más alta.

Maithuna es vibrar sutilmente trascendiendo la materia, con ausencia total de la persona y el pensamiento, es la entrega absoluta con exquisita ternura, respeto y desapego.

En el sexo tántrico el hombre con frecuencia permanece pasivo; evita todo lo que provocaría la eyaculación y no hace nada antes de que llegue el momento. Shakti, o sea el poder femenino, está activo y conserva la iniciativa

durante el desarrollo del rito.
El hombre (Shiva) es receptivo,
Shakti da el tono.

Es indiferente que la erección se mantenga o no hasta el final: basta con poder permanecer unidos. En el Tantra es Shakti y no Shiva, quien capta y transmite los ritmos cósmicos de la Luna, el Sol y la Tierra.

Para conocer el éxtasis, el hombre debe permanecer mucho tiempo unido a Shakti, impregnarse de su energía magnética, hasta que la "divina vibración" lo invada.

Esta unión puede durar horas, así la práctica sexual se basa en encuentros largos en los que la relajación es esencial para venerar todos los goces que pueden llevar al éxtasis.

La idea es rodear las sesiones de estímulos sensoriales: aceite para masajes, bebida para los

descansos, almohadones, velas, una música suave que se escuche pero que no moleste ni perturbe el diálogo.

El orgasmo es la liberación repentina y placentera de la tensión sexual, que se va acumulando de manera continua desde que se inicia la excitación. El orgasmo es la experiencia más sensacional que puede tener un ser humano y gracias a él, la mayoría de las personas muestran un continuo interés en el sexo.

Aunque el orgasmo idealmente se alcanza durante el sexo, también se puede alcanzar a través de la masturbación; lo que hace que la masturbación sea una actividad tan popular y universal.

La eyaculación es la expulsión o emisión de semen a través del pene, acompañada de sensaciones placenteras. Suele coincidir con un orgasmo pero el hombre puede alcanzar orgasmos sin eyacular.

El orgasmo (científicamente denominado como "clímax", palabra que proviene del griego y significa "escalera" o "subida") es el punto más alto del placer sexual.

La visión tántrica abunda en explicaciones para diferenciar el orgasmo de la eyaculación y postula que su separación aumenta el placer. Así se obtiene el verdadero y más prolongado placer, sin contar la teoría sobre la eterna juventud de quien logra controlar la expulsión de semen a su antojo.

Tal como contara en mi libro *Ayurveda y Sexo Tántrico,* el Tantra sostiene desde hace milenios que es precisamente la eyaculación la que aparta al hombre del orgasmo verdadero, del éxtasis sexual que lleva a los niveles de conciencia superiores, cósmicos.

La idea es, en el hombre, poder llegar al orgasmo físico y mental sin eyacular y redirigir esa poderosa energía a una implosión, a fundirla hacia arriba.

La técnica del Tantra permite inhibir la emisión de semen al tiempo de experimentar las contracciones orgásmicas, en otras palabras, tener orgasmos sin eyacular. Tales orgasmos no están seguidos por un periodo refractario (pérdida de erección), lo que permite a estos hombres tener mucho más tiempo

su miembro en erección a la vez de alcanzar orgasmos múltiples como las mujeres.

Los orgasmos masculino y femenino, dicho sea de paso, son diferentes. El primero suele ser repentino, drástico y concentrado principalmente en el pene, el orgasmo femenino se extiende por todo el clítoris, los labios genitales y el área pélvica. Por lo regular, dura un poco más que el orgasmo masculino. Las mujeres rápidamente están listas para otro orgasmo en cuanto acaban de tener uno; en cambio, la mayor parte de los hombres tienen que esperar un buen rato para que se recuperen sus reflejos sexuales y estar nuevamente en condiciones (hablamos siempre en el caso de que el orgasmo haya ido sumado a la eyaculación).

La gran mayoría de los hombres pierden la capacidad de ser multiorgásmicos, posiblemente, porque para muchos la experiencia de la eyaculación es tan intensa que eclipsa la del orgasmo, haciendo que no puedan distinguir entre ambas.

Como el orgasmo y la eyaculación ocurren a los pocos segundos uno de otro, es muy fácil confundirlos.

La consigna es separar las distintas sensaciones de la excitación y disfrutando del orgasmo sin traspasar la cima de la eyaculación.

Entender que el orgasmo y la eyaculación son dos cosas diferentes, ayudará a distinguirlas en el propio complejo mente-cuerpo.

Por otro lado prolongar o transmutar la poderosa eyaculación sin reprimirla, hace perdurar la satisfacción tanto de los intervinientes, pudiendo prolongar así el acto sexual por horas sin que se agote el deseo e, incluso, incrementándolo.

Para lograr esto, el Tantra recomienda evitar los movimientos rítmicos prolongados y acelerados que llevan a la eyaculación. Sugiere variar el ritmo, la amplitud y la duración de los movimientos y, en caso de alerta, inmovilizarse el tiempo necesario para que se aleje el *peligro*. Al principio el hombre no logrará más que una vez sobre dos o tres, evitar la eyaculación. Como toda técnica, requiere su tiempo y, de ser posible, un guía (que puede ser la pareja).

En la sexualidad humana pueden distinguirse aspectos relacionados con la salud, el placer, la religión, la edad, el clima, etc. A partir de esto, los comportamientos sexuales de los humanos no están gobernados enteramente por los instintos, como ocurre con casi todos los animales; por el contrario, en el ser humano la complejidad es infinita, producto de su cultura, su inteligencia, de sus complejas sociedades: su religión, sus padres, sus leyes (ley no es sinónimo de justicia), sus normas, costumbres y tradiciones, etc.

Nos detenemos un poco y pasamos a los sutras de este capítulo.

Hay que empezar cerca para ir lejos.

El sexo es un saludo que intercambian dos almas.

Cuando uno se siente atemorizado por algo, ese algo crece sobremanera.

Nosotros mismos
lo alimentamos.

No hagas lo que
no quieras hacer.

Las mujeres juegan al
sexo para obtener amor; los
hombres juegan al amor
para obtener sexo.

El pensamiento es placer,
temor, dolor, razón...
pero nunca es amor.

Para la mujer el sexo
es amor; para el hombre
el sexo es un deporte.

Si los involucrados
están de acuerdo,
¿por qué no se puede tener
sexo con quien se quiera?

7
La educación

El conocimiento es teoría y no tiene nada que ver con la inteligencia. El conocimiento es útil, pero la verdad no está allí. Aprender no es conocimiento, aunque se lo ha identificado así; en realidad parece ser que es al revés: cuanto más instruida es una persona, menos es capaz de aprender.

Sabio no es aquel que tiene su mente atiborrada de información, esto es seguro.

Y, desde ya, como profesor universitario que soy, estoy convencido de que el hecho de acumular más y más conocimientos no nos ayuda mucho, y hasta puede transformarse en una barrera para los aspectos profundos y sentidos de la vida.

El conocimiento como tal es un fenómeno de superficie y pertenece al yo y a la memoria. La sabiduría nunca se puede tomar prestada.

Es que el conocimiento prestado esconde la ignorancia, y las personas ignorantes se creen sabias.

A veces me parece que recibir una educación es trazar límites: jardín de infantes, primaria, secundaria, terciario, universitario, maestría, y cada una de ellas a su vez subdivididas en salas, grados y años.

Veinticinco años de nuestra vida estudiando (escuelas, colegios, universidades), aprendiendo cómo memorizar en un sistema rígido y con una ciega inmersión en lo académico, lo que termina anquilosando el corazón del niño o del joven.

Tal vez por los adelantos tecnológicos nos olvidamos de lo interno. La educación puede mejorar el nivel de vida, pero no la calidad de vida. No son sinónimos.

La educación debería existir para aportar riqueza interior, no sólo para obtener más información.

Necesitamos una ciencia con conciencia.

Actualmente, en la educación no existe el diálogo, la crítica ni la reflexión. Nos prepara para ser imitadores, en vez de aprender con y en la experiencia.

¿Hemos estado realmente enseñando durante treinta años o hemos estado repitiendo lo mismo treinta veces?

La educación actual es pensada para el futuro, pero únicamente a los efectos de dar un examen y los alumnos están hartos de aprender. Anotan todo para el examen: aprenden de memoria y repiten tal cual, a nadie le interesa si aprendieron.

Además, nuestra educación convierte a la gente en seria y triste.

¿Y si en la escuela en vez de aprender historia, geografía, lengua, cívica, se enseñara pintura, servicio, conciencia, música, naturaleza, meditación?

Hemos creído que todo necesita una explicación o una respuesta científica para que sea verdadero.

¿Me cambió algo la vida saber de Vilcapugio y Ayohuma?, ¿saber el logaritmo?, ¿saber cuál es la capital de Rusia?, ¿el adverbio o el pretérito pluscuamperfecto?

¿Debemos dar nuestras vidas (o la de nuestros hijos) porque a alguien se le ocurrió trazar una línea en la tierra y dividirla?

Desde niños nos instalaron el himno y la bandera dentro de nuestras cabezas y también la idea de que se debería defender la patria hasta con la propia vida. ¿Qué es esto?

Si hubiese nacido en Oriente, defendería otra bandera, otra religión y otra cultura.

Hoy más que nunca todo el mundo es un gran país.

Hasta se llega al extremo que hasta parece un delito si no queremos imponerles a nuestros hijos una religión, bautizarlos, circuncidarlos o lo que sea.

La sociedad frena la originalidad y desde cuando uno nace ya nos impone algo, como es este legado de la mente medieval que es la religión actual. No olvidemos que las tradiciones son otras anclas en la evolución. El matrimonio, por ejemplo, es otra arcaica tradición que aún se practica.

Vamos ciegos tras las tradiciones: matrimonios, circuncisiones, mutilaciones, festejos de navidad y carnaval (¿por qué tiramos agua en carnaval?, nadie lo sabe, pero hay que tirar agua, así como regalar huevos o roscas en pascuas; ¡y hasta nos quieren imponer *Halloween* con sus calabazas!; misas, rituales, templos, cumpleaños, días de…,

de la secretaria, del animal, del médico, del panadero, del ferroviario, de la mujer, ¡que son más de la mitad de la población mundial!

Educar no es instar a aprender, a repetir de memoria palabras, sino que es provocar la palabra creadora de cultura. De allí vienen las palabras alumno (sin luz) y "gurú": el que disipa la oscuridad. Por medio de frases, actitudes, parábolas y lo que amerite en ese momento, el verdadero gurú hace que la respuesta aparezca en uno mismo, nunca viene de él. El gurú disipa la oscuridad, eso es prende la luz, por eso nos permite ver.

Repito: en nuestra educación es la memoria y no la experiencia, lo que cuenta. Pocas veces se transmite la inocencia, el amor y la contemplación.

Hablar sin realmente saber, sólo repetir; a este tipo de individuos Fromm los llama necrófilos: aman todo lo mecánico y lo que no crece. Sólo repiten, imitan, no arriesgan, son superficiales, sólo copias.

La relación educador-educando debería ser mutua, donde los dos aprendan del otro y se crea así un diálogo crítico, puro, con amor y científico.

El educador no es sólo el que educa, sino aquel que, en tanto educa, es educado a través del diálogo por el educando quien, al ser educado, también educa.

El verdadero maestro es un eterno alumno.

La educación debería ser mental, física, espiritual y social; la más alta sabiduría es el autoconocimiento. No es por pertenecer a ella, pero realmente estoy orgulloso de estar en la Universidad Maimónides, donde se desarrolla una nueva educación, una nueva forma de ver a la persona, al paciente, a la medicina y, en definitiva, a la vida.

Ese sería entonces la esencia, la razón, el *quid* de la educación: cultivar la inteligencia y no la memoria repetitiva.

Sergún la filosofía oriental de la educación, un gurú le dice al discípulo:

"Éste es el camino, la vida. Si lo sientes ve por ella y encontrarás lo que te he enseñado. Tómalo, pésalo, mídelo, pruébalo y lo conocerás por ti mismo. Cuando llegues a cualquier punto del camino sabrás tanto como yo y quienquiera que haya pasado por aquel punto; pero hasta que allí llegues no tendrás más remedio que aceptar cuanto te digan quienes ya lo traspusieron, o rechazar todo cuanto a dicho punto se refiera. No aceptes nada definitivamente hasta que por ti mismo lo hayas comprobado, mas si eres prudente aprovecharás los consejos y experiencias de quienes en el camino te precedieron. Cada cual ha de aprender por experiencia, pero los ya experimentados pueden señalar el camino a los inexpertos. En cada etapa observarás que quienes ya están más adelante dejaron señales, hitos y marcas para la instrucción de los que les seguían. El hombre prudente aprovecha estas señales. No te exijo fe ciega sino tan sólo confianza hasta que seas capaz de demostrar por ti mismo las verdades que te expongo, como a mí me las expusieron mis instructores".

Al fin y al cabo, toda enseñanza no es más que un procedimiento de siembra.

El hacerse cargo de uno mismo significa dejar a un lado ciertos mitos muy generalizados, entre ellos que la inteligencia se mide por la capacidad de resolver problemas complejos, de computar a ciertos niveles o de resolver rápidamente ecuaciones abstractas. Hemos llegado a creer que una persona es "inteligente"

si tiene una serie de
títulos académicos, o una gran
capacidad dentro de alguna
disciplina escolástica (matemáticas,
ciencias), un enorme vocabulario,
una gran memoria para recordar
datos superfluos, o si es un gran lector.

Pero la realidad diaria nos muestra que el
verdadero barómetro de la inteligencia es una
vida feliz y efectiva, vivida en cada momento
del día, toda la vida. ¿Qué es más inteligente
que esto?

Todo lo que supuestamente me hace feliz
va a perecer, ya sea un trabajo, un deporte o
una persona. Ningún objeto externo puede ser
llamado felicidad.

Un libro, una clase, un curso, un sutra…
pueden comunicar pensamientos nuevos que
nos pueden servir para aprender algo que antes

no sabíamos, permitiéndonos modificar, tal vez, nuestra conducta.

La ciencia sin conciencia, como dijimos, puede matar y, de hecho, lo hace.

Hay una gran diferencia entre cantidad de información (una guía de teléfonos) y calidad de información (un sutra); por ejemplo éste: *educar en vez de medicar*. Les recuerdo que la palabra "doctor" viene de la raíz "docere" (docencia), es decir enseñar.

Pasemos a los sutras, a ver si nos enseñan algo.

Saber es saber hacer;
sino es tan solo una teoría inútil.

Los niños son verdaderos maestros.

No importa qué se enseña sino
quién lo enseña.

Nacemos originales pero muchos
mueren siendo una copia.

El mundo cambia si uno cambia.

Gobernando,
no trates de controlar.

Se paga por cada
palabra que se dice.

Enseñar es tomar
una mente vacía… y abrirla.

Aprender es cambiar de opinión.

8

EL ALIMENTO

No solo nos alimenta lo que comemos, sino también lo que oímos, vemos, tocamos y olemos.

La persona con quien estemos nos puede llegar a alimentar o indigestar…

Tenemos el control de las puertas de la percepción, decidir qué es lo que nos alimenta (qué comemos, qué vemos, con quién estamos, qué escuchamos).

La alimentación es el punto de partida ineludible para nutrir la conciencia y mantener en forma el cuerpo físico.

Los alimentos tienen relación e impacto directo sobre la mente y el cuerpo; todo moldea, forma, sostiene e influye en nuestro complejo cuerpo-mente.

Las entrañas y la conducta actúan con pareja reciprocidad.

En países desarrollados el problema es la obesidad, en los subdesarrollados el hambre. Híper o hipo alimentación, todo pasa por el instinto más básico, el primer chakra, el instinto de supervivencia.

Nuestro cuerpo está formado por alimentos, por lo tanto no podemos cambiarlo si no cambiamos la dieta y la alimentación en general.

Veamos estas 4 leyes de la alimentación, que hablan por sí solas:

- Calidad (pureza); no a los embutidos, la comida chatarra, el café, el alcohol, las comidas preparadas en el microondas, recalentadas, congeladas. No a lo blanco: arroz, pan, azúcar, harina, optar siempre por los productos integrales.

- Cantidad (lo justo; no se debe llenar más de las $2/3$ partes del plato, ni del estómago, es conveniente quedarse siempre con una leve sensación de hambre).

- Armonía (evitar la combinación inadecuada de los alimentos, comer sin haber digerido lo anterior, comer sin hambre).

- Adecuación (comer en forma adecuada a: clima, ejercicio, dosha o biotipo, estado emocional, hora del día, etc.).

Ampliemos un poco más estas leyes. Comencemos por el ítem calidad (*Hitbhuka* según el Ayurveda) que se refiere a qué comemos. Influye la preparación, el origen del alimento, el suelo de donde proviene. Los alimentos puros o los llamados sáttvicos según el Ayurveda son: los livianos, frescos, nutritivos, saludables, naturales, puros y recién extraídos que nos nutren con su prana o energía vital.

Entonces, una buena acción es evitar aquello que baje, incluso, destruya nuestro prana, como ser:

- Los embutidos, la comida chatarra.

- El café, el alcohol
- El microondas
- Los congelados
- Los Freezados.
- Los recalentados (*basa* es la comida preparada pero que se come horas después).
- Las carnes rojas (no hay carnes sáttvicas),
- El *fast food*.
- Las frituras.
- Las grasas saturadas.

Veamos ahora algo del ítem cantidad (*Mitbhuka* para el Ayurveda):

- Prestrar atención a la cantidad de comida que ingerimos.
- Nunca llenar más de las $^2/_3$ partes del plato. No llenar más de $^2/_3$, tampoco, del estómago, la sensación sería cuando se terminó el hambre pero no "estoy lleno".

- $^1/_3$ alimento, $^1/_3$ agua y $^1/_3$ vacío. Quedarse siempre con un poco de hambre.
- La idea final es no sentirse saciado, ni lleno por completo para poder dar lugar al movimiento y a la digestión.
- Se debe comer menos.

De todas maneras la cantidad también depende del biotipo o dosha, la estación, época de vida, poder digestivo, etc. Pero no cabe duda de que si el poder adquisitivo lo permite, el acceso a la diversa alimentación y a las bebidas existentes hoy, es ilimitado. El exceso de alimento en el estómago obnubila y ensombrece la conciencia y el discernimiento.

Finalicemos con los ítems Armonía y Adecuación (*Ritbhuka* para el Ayurveda): es decir, cómo combinamos los alimentos, cuándo comemos, cómo nos adecuamos al clima, a la edad, al biotipo, etc.

Armonía y adecuación están correlacionados con los alimentos puros, acorde a biotipos, estaciones, deportes, trabajos, geografías, requerimientos, necesidades, fisiologías, edades, etc.

Hablando de la edad, cuando éramos bebés, venía mamá y con ella el amor y el alimento. Amor y alimento van juntos, si falla uno, se vuelcan en el otro.

Cuando estamos enamorados ¿se acuerdan? ni pensamos en la comida.

Y por otro lado, los obesos cuando adelgazan mucho pueden sufrir crisis de llantos sin causas aparentes.

Con respecto a cómo comemos…

Comer sin haber digerido la anterior. Comer sin hambre.

E influye también el ambiente, la compañía y el modo de comer, por ejemplo comer el bocado siguiente una vez que el anterior haya llegado al estómago. Y comer sentado en un ambiente tranquilo, masticando hasta que quede papilla en la boca (se digiere mejor y comemos menos).

No leer, ni ver televisión, ni manejar mientras comemos: aumenta la información, la liberación de neurotransmisores, hiperactividad mental que se traduce en mala digestión.

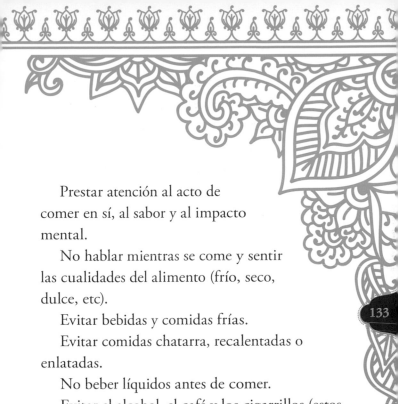

Prestar atención al acto de comer en sí, al sabor y al impacto mental.

No hablar mientras se come y sentir las cualidades del alimento (frío, seco, dulce, etc).

Evitar bebidas y comidas frías.

Evitar comidas chatarra, recalentadas o enlatadas.

No beber líquidos antes de comer.

Evitar el alcohol, el café y los cigarrillos (estos últimos dilatan los esfínteres).

Estar sentado 5 o 10 minutos al finalizar de comer y, luego, caminar suavemente en un lugar abierto para hacer la digestión.

Esperar tres horas antes de irnos a dormir (ergo, comer mucho más temprano, antes de que oscurezca).

No comer carnes, quesos, yogur o alimentos pesados o fermentados. Y de hacerlo, mejor no por las noches.

Otras adecuaciones: según el estado emocional (no comer con ira o discutiendo), según la estación del año, la hora del día, el trabajo o deporte, la fortaleza digestiva de la persona, sus hábitos (*satmya*)…

Una de las principales causas de generación de toxina o *ama* en el cuerpo es la incompatibilidad de los alimentos (gases, gastritis, reflujos, hiperacidez, dolores de cabeza, etc).

La combinación o armonía de los alimentos es decisiva.

Muchos creen que la manera correcta de alimentarse es incluir todo el contenido de la pirámide alimentaria en una comida. Pero les recomiendo:

- No mezclar caliente con frío.
- No ingerir frutas con leche o yogur.
- No conssumir nada muy frío o muy caliente (acorde a la estación), evitar el agua fría.

- Ni muy salado o picante… (en realidad nada "muy, mucho, demasiado").
- No comer frutas de postre (se digieren rápido y elevan el PH, incluso los cítricos).

Aclaro que la acidosis genera radicales libres… y los HC fermentan, empiezan en la boca y hacen un paso rápido en el estómago, bajan el PH. La carne es lo más acidificante (al igual que otras proteínas). Pasan por la boca rápido y lento en el aparato digestivo. Las grasas tardan aún más.

Continúo:
- No mezclar (o evitar, o reducir) leche con pescado.
- No mezclar leche con alimentos ácidos.
- No a la miel caliente.
- No a la miel con vino.
- No a la miel con ghee.
- No al agua caliente después de haber ingerido miel.
- No al yogur por las noches.

- No al yogur con bebidas calientes ni con frutas.
- Nada ácido en el desayuno: no a los jugos de frutas con café (en realidad no al jamón con melón. Melón, en lo posible, con nada).

Les recuerdo que el azúcar y las grasas son hermanos.

El exceso de glucosa inicia, vía insulina, la producción de ácidos grasos en la forma de triglicéridos.

La molécula de glucosa de 6 carbonos se descompone creando dos moléculas de acetato de 3 carbonos (vinagre). El acetato es la materia prima del colesterol.

El cuerpo puede convertir la glucosa en grasa, pero no la grasa en glucosa.

Azúcares y almidones terminan siendo grasa.

El tipo más común de grasa es aquel en que tres ácidos grasos están unidos a la molécula de glicerina, recibiendo el nombre de triglicéridos o triacilglicéridos.

El exceso de glucosa genera formación de ácidos grasos (triglicéridos), pero no al revés.

La fruta es el alimento perfecto, requiere una mínima cantidad de energía para ser digerida y, en cambio, proporciona la máxima. Es el único alimento que hace trabajar al cerebro.

La fruta es, básicamente, fructosa, y puede ser transformada con facilidad en glucosa, y entre un 90% y un 95% son compuestas por agua. Eso significa que limpian y alimentan al mismo tiempo. Se deben comer siempre con el estómago vacío. Como cambian el PH o medio ácido-base del estómago, en principio no son digeridas en el estómago, sino en el intestino delgado. Las frutas pasan rápidamente por el estómago y van al intestino, donde liberan sus azúcares, ¡nunca frutas de postre!

Si en el estómago existe carne, papas o almidón, las frutas quedan apresadas allí y comienzan a fermentar. Por eso, si comemos una fruta de postre después de cenar y pasamos la noche con pesadez en el estómago y un desagradable sabor en la boca, son consecuencias de no haber comido adecuadamente.

Las frutas tienen bioflavonoides, que evitan que la sangre se espese y obstruya las arterias. También fortalecen los vasos capilares, y aquellos vasos capilares débiles que, en muchos casos, provocan hemorragias internas y ataques cardíacos.

Ahora bien, ¿por qué soy vegetariano?

Más allá de los múltiples beneficios que tiene el hecho de no comer carne (acidifica la sangre, tiene grasas saturadas, está llena de venenos que entran a mis células, etc., etc.), Como dijo un maestro en la India "los animales son mis amigos y yo no me como a mis amigos".

Alimento es todo lo que entra por los sentidos: qué escucho, con quién estoy, qué veo…

El suelo es más importante que la semilla.

El consumidor pasa a ser el consumido.

En cada acto, alimento
o palabra emitida: calidad,
cantidad, armonía
y adecuación.

Uno es lo que come
y come según lo que es.

Cada cosa que coma
pasará a ser mis neuronas,
mis huesos, mi grasa.

Nuestro cuerpo está formado por alimentos, ergo no podemos cambiarlo si no cambiamos nuestra alimentación.

Por unos pocos segundos de placer mi cuerpo lo recordará toda la vida.

Después de los 40, se debería comer la mitad, caminar el doble y reír el triple (y por lo general hacemos lo contrario).

9
La Vida

Hay distintos niveles de vida, coincidente con el nivel mental y de conciencia que se tenga. Conciencia de uno mismo, de las cosas, del todo: autoconciencia, conciencia colectiva, conciencia cósmica.

La conciencia es el saber cuántico, pertenece a un estado relacionado con el alma. Posee una inteligencia mucho mayor que la de la mente y del intelecto humanos.

La conciencia es vivir el momento presente acorde y en armonía con todo y todos. Únicamente viviendo el presente nos podemos liberar del pasado.

Vivir el presente es vivir la vida, sino vivimos a través de nuestros pensamientos. Como escuché decir a Eckhart Tolle en una charla: "no puedes encontrarte a ti mismo en el pasado o futuro, el ahora es el único lugar y tiempo.

Cuando descubres quién eres realmente, ves que somos todos uno. En cambio, para muchos la conciencia está en y para uno mismo, separado del resto y del planeta, tal vez fijada en el alimento, el sexo o el poder".

La conciencia no pasa por los pensamientos o la razón, es un proceso que ocurre desde el interior, desde el ser.

La conciencia y el alma hablan por medio de la intuición (*en protección*).

La conciencia es la vida, pues nos da la capacidad de saber realmente, de darse cuenta, de comprender un significado en su profundidad.

Los chamanes hablan de tres existencias: lo conocido, lo desconocido y lo incognoscible (lo que nunca podrá ser conocido) y es allí donde la intuición es la reina, el saber sin conocer. La vida detrás de la vida.

El instinto es más animal, el intelecto más humano y la intuición más sublime, más sutil. Según el Ayurveda, debemos dejar que el intelecto y la conciencia se encarguen de la vida, luego dejar que se filtren en la mente.

Conciencia es vida plena, es el registro de sí mismo y del mundo que nos rodea, registro de lo que realmente somos y de lo que nos ocurre, de nuestra identidad y destino.

El estado de conciencia en que vivimos es, en definitiva, el resultado de nuestra propia voluntad. Más allá de las tendencias, herencias o fuerzas arquetípicas, tenemos un libre albedrío de hacer de nuestra vida lo que queramos.

Son muchos los que encuentran su única satisfacción en su actividad laboral, cuando no están en casa, lejos de la mujer, el marido, los hijos o los padres. El aburrimiento y la frustración de la vida privada autoimpuesta, hacen que se sientan mal cuando, por ejemplo, se acercan las vacaciones… ¿qué vida es esa?, ¿cómo puede ser?

Es hora de participar más seriamente en nuestra evolución mental, procurar conocer nuevos horizontes, planos y vibraciones de nuestra propia mente.

Desde ya que no soy ni maestro, ni gurú, ni swami; mucho menos un iluminado ni nada similar. Siempre digo que estamos todos en el mismo barco, pero pasa que en el viaje algunos toman sol y otros se la pasan vomitando…

Lo que acá expongo
me lo digo siempre a mí mismo,
sucede que algunos sutras los
repito tanto que algunos ya se
hicieron hábito ("si te enojás es una
falla en tu intelecto"; "todo es un juego
mental", "hacé lo que corresponde, no
por el otro", "no opines", etc.).

Pues hay que elegir aunque sea para no hacer;
y se puede hacer no haciendo.

No seas lento en corregir un error, decía
Confucio.

Ser rápido no es estar apurado ni estresado,
solo es hacer lo que corresponde en su
momento.

Las dificultades de la vida son muy parecidas
para todos. Todos los que vivimos con otros seres
humanos, en cualquier contexto social tenemos
más o menos las mismas dificultades.

Los desacuerdos y los conflictos son partes de lo que significa ser un ser humano. Igualmente, el dinero, la vejez, las enfermedades, la muerte, los desastres naturales y los accidentes son acontecimientos que presentan problemas a todos. Pero, mientras algunas personas logran evitar el desaliento que inmoviliza al enfrentarse con estos hechos, hay otros que se desploman, quedan inertes o viven quejándose o enojándose por cualquier cosa; ellos ven el riesgo y no la oportunidad cuando, en definitiva, el riesgo es la única garantía de que estamos vivos. La protesta y la queja son el refugio del ego que desconfía de sí mismo.

"No estás enojado, vivís enojado…".

Basta de ir al templo, de rezar o practicar rituales, ¡es tiempo de hacer!

Lo fácil es lo correcto, el camino no es difícil; y si lo parece, es que uno mismo es el que lo hace difícil.

Cualquier animal puede ir a cualquier lugar del mundo menos el ser humano. Y eso es por su mente.

Vuelvo a citar a Confucio que decía: no preguntes por el camino, pregunta cómo moverte mejor; los hombres no atraen aquello que quieren, sino aquello que son.

Vamos ahora lentamente al final del libro con los sutras de la vida (que en realidad serían todos); aprovecho estos últimos comentarios para despedirme con amor y como siempre, agradeciendo enormemente tu lectura.

Hasta siempre,
Fabián J. Ciarlotti

Hoy es un regalo,
por eso se llama presente.

La naturaleza creó
individuos únicos,
la sociedad un único molde.

Nada ha cambiado
excepto mi mente; por eso
todo ha cambiado

No hay nada que hacer. Sólo ser.

Partir y compartir, dar y olvidar.

No esperar nada,
no demandar nada.

Vivir es ser vivido por la vida.

Ni amor, ni alegría,
ni salud… no se puede
dar lo que no se tiene.

Como no sabían
que era imposible,
lo hicieron.

el autor

Médico (UBA) Ayurveda, formado en el país y en India. Ex cirujano. Doctor en Medicina. Profesor Universitario recibido en la UBA y en la Universidad Maimónides.

Director del Centro AYUM, Ayurveda Yoga Universidad Maimónides: curso de Medicina Ayurveda (inicio 2007) y del Instructorado Universitario de Yoga y Ayurveda. Co Director Escuela Espacio Om. Ayurveda Yoga.

Ha publicado:

Traumatología Kinésica (Editorial Ursino), 1995.

Diacronías (Editorial Cumacú 2 reediciones), 1997. *Zapping Demente (*Editorial Universidad Maimónides), 2003. *Rehabilitación en O y T* (Editorial Universidad Maimónides, co autor).

Libro con cd de imágenes en video. 2003.
Ayurveda. Sanación Holística (Ediciones Lea
3 reediciones), 2005. *Ayurveda y Metafísica*
(Ediciones Lea), 2006, 2da edición 2010.
Ayurveda y Terapia Marma (Ediciones Lea, 2
reediciones), 2007. *Yoga y Vedanta* (Ediciones
Lea), 2007. *El Pensamiento Cuántico* (Editorial
Ricardo Vergara, co autor), 2007. *Yoga y
Ayurveda* (Ediciones Lea, co autor), 2008.
Ayurveda y Astrología (Ediciones Lea), 2009. *Yoga
del Conocimiento* (Ediciones Lea, co autor), 2009.
Ayurveda y Psicología (Ediciones Lea), 2010.
Ayurveda y Sexo Tántrico (Ediciones Lea), 2011.
Ayurveda y la Mente (Editorial Maimónides),
2011. *Ayurveda y Filosofía* (Ediciones Lea), 2011.
Ayurveda y Rejuvenecimiento (Ediciones Lea),
2012. *Ayurveda y Terapia Abhyanga* (Ediciones
Lea, co autor), 2012. *El arte de respirar y meditar*
(Ediciones Lea), 2012. *Ser feliz es una decisión*

(Ediciones Lea), 2013. *Ayurveda Hoy* (Ediciones Lea), 2013. *Los Aforismos del Ayurveda* (Ediciones Lea, co autor), 2014. *Ayurveda, Conciencia de Vida* (Ediciones Lea), 2014. *Aprender y Enseñar* (Editorial Maimónides, co autor), 2015. *Yoga. Filosofía de Vida* (Ediciones Lea), 2015. *Ayurveda y plantas medicinales* (Ediciones Lea, co autor), 2015. *Medicina Ayurveda Tomo I* (Ediciones Lea) 2016. *Medicina Ayurveda Tomo II* (Ediciones Lea), 2016. *Medicina Ayurveda Tomo III* (Ediciones Lea), 2016. *Ayurveda y Karma* (Ediciones Lea), 2017. *Diacronías II* (Editorial Dunken), 2017. *Todos los rubios tienen gastritis* (Editorial Dunken), 2017. *La cocina Ayurveda* (Ediciones Lea, co autor), 2018. *Ayurveda y las 9 emociones* (Ediciones Lea), 2018.

Facebook: Fabián J. Ciarlotti
Mail: ciarlottifabian@gmail.com

EL NUEVO AUM (LÉASE OM)

En el aum tradicional (léase "om", pues "au" en sánscrito se pronuncia "o") ॐ *la curva superior izquierda es el estado de vigilia o jagrat avastha*, la mente diaria; la grande de abajo a la izquierda es estado del sueño con imágenes oníricas llamado *swapna avastha*, acá estamos soñando algo, la mente sigue actuando; la de abajo a la derecha es *sushupti avastha*, el sueño profundo sin imágenes oníricas. La rama que se desprende arriba es la identificación con el ego, el velo de la ilusión; el punto de arriba es *turiya avastha*, que significa cuarto estado, la liberación (de la mente, una vez que atraviesa la barra del ego).

En este nuevo ॐ (actual símbolo de la Escuela Espacio Om) de la liberación bajan los demás estados mentales, poniéndolos por abajo de la liberación misma… aparte uno lee el om.

índice